새싹

이완수 시집

새싹

이완수 시집

시인의 말

순결 정화

바지통은 꼼짝 못 하는데
치마만 둘렀다면
심술 머리 바람은 치마를
걷어 올린다.
당황한 위험수위 얼굴 붉혀
내려 덮는다.
음모 음해
금기 사항 범람한 바람
정절의 수위 조절 방지법은?
살랑거리는 바람잡이
하솔 가지에 걸려라

2023 계묘년 봄
운악 이완수

목차

5 ··· 시인의 말

1부 새싹

13 ··· 새싹
14 ··· 우리 아가들
15 ··· 새움의 희망
16 ··· 어머니 약손
17 ··· 사랑하리라
18 ··· 좋은 나라
19 ··· 사랑 法
20 ··· 토끼 해
21 ··· 토끼 덕담 2
22 ··· 격세지감
23 ··· 모정의 천륜
24 ··· 나팔꽃
25 ··· 기쁜 메아리
26 ··· 인연
27 ··· 해바라기
28 ··· 해바라기 2
29 ··· 꽃이 되어봐요
30 ··· 민중 가락
31 ··· 푸른 별 하나
32 ··· 혈관 같은

2부 솔아

35 … 솔아
36 … 따뜻한 물 한 모금
37 … 인생수업
38 … 인생길
39 … 단풍
40 … 대답 없던 향기
41 … 혜란 꽃 2탄
42 … 인생 충전
43 … 핼러윈
44 … 녹두장군
45 … 심지 하나
46 … 나무이고 싶다
47 … 애인휼민愛人恤民
48 … 우리 말 사랑
49 … 無
50 … 보이스피싱
51 … 미래는 저축
52 … 바다
53 … 시의 상록수
54 … 쌀 한 알 위해

3부 꿈의 완성

57 … 꿈의 완성
58 … 걸으면서
59 … 임인년 가을은
60 … 익을수록
61 … 당신에게
62 … 착란 양귀비꽃
63 … 인연의 행간
64 … 뉘우침
65 … 미쁜 택배
66 … 익명의 선행
67 … 마지막 보루
68 … 경구警句
69 … 흙
70 … 혼의 흔적을
71 … 밥그릇 1
72 … 詩의 耕作
73 … 미세먼지
74 … 하루 일과
76 … 예술이란
77 … 적도 넘어 호주
78 … 뉴질랜드

4부 산은 담금질

81 … 산은 담금질
82 … 부메랑(boomerang)
83 … 은공
84 … 한파 주의보
85 … 기억의 흔적
86 … 배움이란
87 … 처형妻兄
88 … 심장
89 … 흔적
90 … 새해
91 … 운명아 비켜라
92 … 기도와 평화로
93 … 친환경
94 … 인격
95 … 새해 2
96 … 칭찬 풍년
97 … 지성의 그릇 2
98 … 뼈와 살이 되는
99 … 바람과 시간
100 … 긍정
101 … 두 얼굴
102 … 시인의 사명

1부

새싹

새싹

도심 속 길을 걷다 보면 볼수록 귀여운 아가들
봄 언덕 나들이 새싹처럼 종종 눈에 보인다
어 할아버지다라고 하는 재치가 총명하다

어린 싹이 세상을 얼마나 보아 왔다고
늙고 젊음을 식별하는 어른처럼 스스럼없다
명석한 우리 새싹 아가들 미래가 밝아 보인다

병아리 발 모습이 정월 만배같이 성숙하다
엄마가 꿈나무 손을 꽉 잡고 아장아장 걷는 모습
엄마의 애정 어린 자화상 탯줄 잡고 간다

용광로같이 흐르는 엄마의 사랑이 눈에 보인다
이 늙은이 고사리 손이 하도 귀여워 가까이
어르고 싶어도 눈치가 보인다

우리 꿈나무 반짝반짝 빛나는 맑고 총명한 미래
구슬같이 예쁜 눈동자 보아라 귀 밝은 촉기가
예사롭지 않다 앞으로 국력의 기둥이 될 자산
태양처럼 떠오르는 꿈나무 나라 사랑 새싹

우리 아가들

우리가 겪은 고난의 발자취를 다시는
다음 세대가 밟지 않도록 다 같이 분발합시다
행동에서 표현되는 밝고 강한 의지력 기둥 백년대계
바람도 넘보지 못하도록 거두어야 할 재산입니다
사랑으로 본보기 자화상이 되어주어야 하겠습니다
차세대 강한 울타리 부를 창출할 나라사랑 싹
보석같이 빛나는 우리 고사리 눈동자
희망찬 고사리 손발 엄마 손잡고 길을 걷네요
신이여! 고사리 발자국 자박자박 밝혀 주소서
내가 바라다보는 유리창 넘어 귀여운 꼬막 발들
오늘도 내일도…
내 강산 아흔 번 여한이 없겠네

새움의 희망

순수한 계절은 아름다웠다
순수한 나무는 순응하는 항시 한결인데
씻을 줄 모르는 찬바람이 거치적거리다
차가운 불청객 방풍 결사항전 생명의 보루
밖에는 하얀 뼈골만 나목이 앙상한데
베란다 뜨락 유리벽 하나가 푸른 꿈을 보듬어
푸른 발자국들 새싹 길을 걷고 있다
멈추지 않은 생명의 움을 보고 희망을 내는데
나의 메마르고 연약한 가슴에 힘이 된다
황금빛 찬란한 아침 해바라기로 익어가는
지구 속에 한 사람이란 얼마나 영광인가
오늘 하루 대출받아 사색하네

어머니 약손

당신 사랑의 손마디는 봄을 향한 꽃대
당신 사랑의 가슴은 마르지 않는 강물

장밋빛 엄마의 따뜻한 사랑 약손이기에
보듬어 안아주는 애정 어린 약손이기에

희망의 꽃길 주어 날개 펴는 새 봄맞이
오늘도 내일도 섬광처럼 반짝이는 사랑

긴긴 터널을 지나 새어드는 한 줄기 햇살
탄생이 불꽃 튀는 담금질 새 생명 대장간

사랑하리라

세상이여
우리네 아들딸 잘나고 못난 것이 어디 있습니까
모두가 타고난 보석 같은 이름 꽃이랍니다
이름 따라 꽃 따라 예쁘게 피는 사랑입니다
봄에 피는 이름
여름에 피는 이름
가을에 피는 이름
겨울에 피는 이름
이름 따라 꽃 따라 피는 꽃이랍니다
세상에 이바지할 이름 남기는 사자입니다
사랑하는 금 같은 아들딸, 꽃 필 때가 다릅니다
저울추에 올려놓지 마세요

좋은 나라

소외된 변방 그늘진 눈물 닦아드리자
불쌍한 피해의 상처를 아물게 안아 드리자
아이들의 학문 자유를 건드리지 말아다오
우리 사회 좋은 사회 사랑받는 좋은 나라

가슴속에 묻어두는 명심보감 되리라
고로쇠나무 심박아 등골 빼는 잔인한
치욕일랑 강물 되어 하늘로 유수하리라

우리 서로서로 손잡고 꽃길 되는 웃음 길
믿고 사는 거리 조용한 거리 평화의 거리
봄을 위해 헌신하는 계절처럼 고지식하게
죽는 날까지 존경받는 어버이처럼

사랑 法

인생 결합의 최초 꽃과 나비
결혼이란 필수에 출마를 결심하는
역사적인 하객 앞에서
화려한 사랑의 공약을 내걸고
삶의 거친 파도 길 닻을 올리는
머어언 태풍을 걸치고 항해해야 할
꽃과 나비의 파뿌리 역경
공약대로 평생의 임기 끝날 때까지
강줄기 되어 맑았다 흐렸다
정화하는 사랑의 여정 행복으로
인생 장막 임기가 끝날 때까지
공약 사랑 法

토끼해

너는 행운의 네잎클로버, 전설의 귀염둥이
사람과 밀접한 교훈서 같은 총명한 지침이 되고 있다
너는 귀 밝아 무서운 소리 잘 들려 설잠 잔다
네 간이 얼마나 맛이 있으면 그리도 천적이 많을까
네 해가 왔으니 때때옷 저고리 입고 널뛰어라
너 귀도 밝고 눈도 밝아 밤길도 잘 다녀 좋다
험난한 강산 잘 넘어가리라 믿고 믿는다
항상 이웃이 편치 않으니 재치 빠른 재주로 넘어
삼엄한 골짜기 늑대 여우 우는소리 귀 기울이며
행운의 네 잎 클로버

토끼 덕담 2

남 앞에 욕을 보이지 말라는 당부의 말씀
누구나 내림내림 집안 가훈인지라

아버지 그늘을 보고 크는 우리 꿈나무들
사람됨을 넘겨주어야 할 금 계주 같은 것

일거수일투족 놓칠 수 없는 살얼음판
내 눈앞에 일렁이는 헐거워진 잠언인 걸

팔랑개비 바람 핑계 뚝 넘치는 강물처럼
꼭두각시 허리춤 놀아나는 허무

분신 앞에 속되지 말라는 레드라인 위험
빈말 부끄럽지도 않은가

뿌연 미세먼지 숨 막히는 칼칼한 세상
조상의 지혜 동치미 국물로 시원하게 뚫어

세월 톱니 박자 맞춰 흥부 노래 부르리라

격세지감

애야 밥 꺼질라 그만 뛰어라
배고픈데 진수성찬은 그림의 떡
애야 뱃살 빠지게 많이 뛰어라
균형 잡힌 식사 맛 거리 비타민

그때는 환갑이면 오래 살았다고
동네에서 잔치 축하해 주었는데,
지금은 환갑을 넘어 반평생을 더
백 살까지 건강하게 누리며 산다

그때와 지금의 격세지감 차이는
먹거리와 운동 평생을 지켜야 하는
오래 사는 비법 여유만만 나무같이
엿가래 늘려 사는 달콤한 세상

하늘이 준 福壽이야 같이 가자

모정의 천륜

이른 봄날 양지바른 담 밑에
하얀 솜사탕 같은 민들레 꽃씨
바람 타고 멀리 흩어져 내려놓는
식물의 천륜 교시를 보노라면

생명을 가진 모든 것들에 대한
애자보호의 본능을 보여주는 모성
또는 천적으로부터 안전을 위해
필사적인 지혜를 보노라면

인간이 식물로부터 본받아야 할
부끄러운 천리 천도 양심에 대한
정신적 이승의 번뇌를 해탈하는
열반의 세계로 도달하는 일이어라

나팔꽃

재건축이라고 해서 길에 자재물이 늘비하게
널브러지고, 툭하면 보수공사라고 성한 벽돌을
파헤쳐 새것으로 미화하는 것도 좋지만 자동차
무거운 바퀴가 까뭉개어 일 년도 안 되는 벽돌
쓰레기 더미는 어디로 쌓여갈 것인가 땅의 오염
한 번쯤 생각할 일이다

도심 속 줄지어 세워진 전봇대에 광고물이 험하게
덕지덕지 붙어있어 도심 미관을 해치는데 선처의
어느 분 아이디어로 색색의 나팔꽃을 예쁘게
달아매 매연과 파찰음 오염을 마시면서도 사랑의
추파를 보내며 손을 흔들어 보인다 시들지 않는
예쁜 미소의 얼굴 허전한 가슴에 나팔꽃 심어준다

기쁜 메아리

세상일 돌아가는 형편 귀먹어
도무지 알지 못하는 기쁜 소리
무엇이라 말해야 좋을지 몰라
무슨 일이 언제 이루어질지
그 기한을 손꼽아 알 수 없으랴

고요를 흔드는 깊어가는 가을밤
귀뚜라미 귀뚫귀뚫 애절한
이 밤이 새도록 읽어대는 청량한
독경소리 귀는 열려있다
듣는 대로 귀가 뚫려라

인연

남남이 만나 인연이 되면 가정이 되어
시집살이 험한 탈을 벗으면,
그 가정 어엿한 며늘아기 된다
아들딸 거느리면 엄마 아빠가 된다
손자 손녀를 보면 할머니 할아버지가 된다
하얀 기둥뿌리 할아버지 할머니 해로
한 집안의 혈통 족보가 된다
길 가다 서로 마주치는 얼굴들 알고 보면
인연의 끈붙이다 사랑하리라

해바라기

당신의 끈으로 세상이라는 게 생겼지요
생각만 해도 행복합니다
당신의 사랑은 우주요
당신의 애정은 불꽃입니다
수많은 별 중에 외아들 호강 받듯
잘 길러주시어 반짝반짝 푸른빛 빛납니다
별을 거느린 사랑의 열기 빛의 신이시여
꺼질 줄 모르는 용광로 불태우는 희생
당신 해바라기 빛으로 존재합니다
오! 생명의 태양신이시여
별 중의 별 숨 쉬는 별 삶터
당신 사랑, 빛 바라기로 詩가 여물어가고
오늘이 가면 내일이 있어 희망을 만드니
당신 사랑의 열기 일촌광음입니다

해바라기 2

그늘의 벽이 높아, 빛을 그리워했지요
그리움은 그늘을 개발 딛고 올라서게 했지요
당신 바라기로 둥근 얼굴 꽃이 되었지요
당신 사랑의 눈높이 만치 컸지요

당신이 만든 사랑법 강열한 미소는
生에 기쁨과 행복을 드리워져 있지요
오늘도 바라기 개발 딛고 따듯한 미소를 위해
소원하리라, 사랑과 미소

꽃이 되어 봐요

조화 같은 꽃 말고요
벌 나비 찾아드는
살아 숨 쉬는 향기 있는 꽃
볼수록 색깔이 짙어져 예쁘다가
나도 모르게 져버리는
그리운 자리가 그립도록
보고 싶은 꽃님

민중 가락

영혼을 꽃피우게 하는 가락
맛깔지게 멋들어지게 시간 딛고 일어나
살랑살랑 봄이 오는 소리

꽃바람 몰아친다 삽짝 문 열어라
탱자 울타리 무너질라
덩더꿍덩더꿍 아리랑 칭칭 휘감는다

먹구름 사이로 빛줄기 내려 꼽는
우리의 선율 우리의 혼
신명나는 가락 흥이 넘치는 민족

푸른 별 하나

세상은 모나지만
바퀴는 둥글게 살아간다
잘도 돌아가는 저만치 바퀴는
제살 깎음질로 화려하게 달리며
아파 우는소리도 들리지만
사람은 그 덕분으로 편하게 핸들 기쁨으로
속치례 없이 이리 뻔적 저리 뻔쩍 광낸다
나는 매일 같이 내 발이 타이어(tyre)인지라
지나는 길목마다 수북수북 쌓인
자동차 부품들 한 십 년 지나면
부품의 실업도 안타깝지만,
전기자동차 개발로 한 세기 르네상스
엔진 굴뚝 사라져 탄소 오염 사라져
지구도 맑은 산소 마시는 혁명
그날의 기대 좋은 하루
이제 그만 안녕히 가거라
돈 태우고 애태우는 화석 유류

혈관 같은

길은 혈관 같은 것
혈관이 막히면 동맥경화
길은 인체의 길㐀이다

땅은 발길
하늘은 날개 길
바다는 배길

길을 닦자 닦아
피 흐르는 유수
의당 행해야 할 道理

2부

솔아

솔아

변방에 홀로 넘치는 그리움으로
사계절 한줄기 그림을 그리는 푸른 꿈

수줍은 소녀같이 애정 어린 연둣빛 속살로
봄빛 설레는 바람이었다가

섹시한 젖가슴같이 풍만한 요정의
검푸른 여름 노출이다가

떠나는 이별과 같이 아쉬운 술잔에
노을이 익어가는 가을 속삭임

세월의 음반같이 가슴에 감아 새긴
하얀 벌판의 그루터기

따뜻한 물 한 모금

뿌리가 목이 타면 잎을 접었던 나무도
물을 주면 날개를 펴 보이듯이

차디찬 가난의 공간이 떨고 있을 때
따뜻한 물 한 모금이 오장 육부의
장막이 풀리어 평화가 깃들 듯이
따뜻한 말 한마디와 따뜻한 눈웃음 얼굴은
그대의 불행을 치유할 처방이 되나니
나의 코앞 행복이 깃들어있듯이
따뜻하게 다가갈수록 따뜻하게 다가오듯
움츠린 동절기 가슴 피지 못할 때
따뜻한 물 한 모금 사랑의 배려가 평화의 꽃
치욕의 돌도 던져버리고,
시대적 소명 의식으로 돌고 돌아 먼 훗날
회귀적 급부로 인간 본연의 자세로
도래할 것으로 믿어 의심치 않으리라

인생수업

인생수업은 끝이 없다
선생이 가르친다는 것은
선생도 배운다는 것이며
도덕 지침을 주입하면서 덕이 빠진
가슴에 때움질하는 것이니라

청명한 어느 가을날
지나가는 차창 너머로 풍성한 곡창의
지평선을 보노라면 논둑을 넘쳐 나는
온 들판 벼 이삭 무르익어 큰절 고개 숙여
배웅하는 인생을 돌아보게 한다

내 인생수업을 돌아보게 하는
서역에 곱게 타오르는 황혼이 깃들 때
백로 한 쌍 화살처럼 박힌다
사람도 익으면 숙인다는 말씀
공전의 계주봉 넘기는 봄이 오면

인생 길

회향할 수 없는 인생은 일장춘몽인가
푸른 과일은 익을수록 빨개지는데
사람은 익을수록 하얗게 익어가는 것
하얀 백발 하얀 눈썹 백지로 돌아가는
얼마나 값진 예술의 전설인가를
인생의 진실한 표현 그대로가 멋진 과정
물 들여 감추지 마 하얀 그대로가 아름다워
부질없던 지나간 뒤안길 다 지워버린 백지
나 한 마리 백로 날개 되어 아름다운 세상
훨훨 날으며 검은 구름에 하얗게 욕심 없이
살아가리라
이런들 어떠하며 저런들 어떠하리
서로서로 손 붙들고 하얗게 익어왔던
웃음꽃 피는 풍광 그리메로 살아가세

단풍

14층에서 밑을 내려다보니
문득 고향 산천이 그리워지는구나
깊은 고궁 같았던 푸른 숲 침묵이
고색 단청으로 물들어가고 있는 푸른 잎
세상은 시끄러운데 때를 순응하는 질서
아름다운 이별의 환송을 몸짓으로 답하고 있네
어디선가 비둘기 한 마리가 날아들어와
베란다에 앉아 단풍을 응시하는 듯
인간에 대한 헌신과 희생은 보면 볼수록
말로서는 형언할 수 없는 천년을 두고
고마움을 갚아도 모자랄 마당에
나 잘한 것 빼놓고 잘못한 것 많은데
숲은 항상 미안할 것 없다고 하지만 미안해
이른 봄 참꽃처럼 숲에서 만나자고

대답 없던 향기

20년이 흐르도록 꽃향기 대답 없던 함묵의 '혜란'
기억의 꿈을 잃지 않고 재현하는 문인의 높은 뜻
정성 들여 씻고 닦아 제자리 받침대 분갈이로
마침내 잊지 않고, 애오라지 君子 꿈 실현한 꽃대
향기는 향기를 저버리지 않는 고결한 높은 지조
뜻 높은 가인의 선비는 백운 속에 있다더니,

당신의 거룩한 이름은 '혜란', 당신의 덕행 수련장은
높은 산 심산계곡 바위 난간 이끼 낀 곳
밤하늘엔 뭇별이 속삭이는 고요가 깃든 곳
당신의 담백한 향기는 멀리까지 간다는 높은 절개
두 팔 벌려 하늘 향한 여백의 선율 회화의 묘미로
문필을 엮어가는 사군자君子 향기

혜란 꽃 2탄

당신 개미허리 그토록
바윗 고개 언덕 파도 길
심장처럼 쉼 없던 심지 하나
참고 기다리고 다스리고
한 뿌리 한 줄기 한 잎 두 잎
시간은 가고 바람은 무풍
겨울 끝자락 봄맞이
파도 길 잦아들면
그 꽃 기다림의 한 이십 년
기다리다 지쳐 그리움만
어느 순간 꽃대 몰래 올라와
올곧은 난초 꽃 피는 날
기뻐서 한없이 복받쳤노라
여름에 피어야 할 난초 꽃
당신, 무엇이 미안해
어이해 겨울에 피었을까
길조 꿈의 그날이 오면

인생 충전

당신의 따뜻한 칭찬과 박수와 응원의 한마디는
원대한 꿈과 희망의 원동력이 된다는 것을
한 생, 희망의 새싹 틔우는 영롱한 아침 이슬처럼
슬픔을 다리미질로 새 옷 갈아입히는 날개처럼

누구나 잠재력 의식이 자리 잡고 있는 것
사람은 잘나고 못남이 따로 있는 것 아니거늘
당신 사랑의 칭찬과 응원의 박수가 키우나니
서로가 서로를 위해 성원을 보내야 하나니라

우리의 따뜻한 사랑은 큰 사람을 만들고, 큰 사람은
아름다운 세상을 이루는 행복한 성덕군자
노력의 환경을 조성해 주는 위대한 자비지택
당신의 응원과 박수는 꿈을 가꾸는 정원수니라

핼로윈

말하지 않고서는 견딜 수가 없다
사랑하는 우리 모두의 아들딸들이
마지막 외출인 줄 누가 알았겠는가
내 코앞도 예단할 수 없는 세상살이
허망하게 무너져 울부짖는 아비지옥
못다 핀 꽃잎들이 떨어지는 소리 가엾다
지켜주고 잡아주어야 할 지팡이도
당당했던 위하여 어디도 없다
국화 송이 외롭게 위로를 보낼 뿐이다
사랑하는 우리 모두의 아들딸들
너 나 할 것 없이 귀중한 생명을 위해
참사를 면할 수 있는 시간을 놓치지 마라
영전 앞에 궁색한 변명 부끄럽다
못다 핀 꽃잎일랑 하늘나라 극락세계
왕생 불과 얻어 꽃피우리라
이 세상 섭섭지 않게

녹두장군

녹두 새야! 녹두꽃 피어나라
한울 지키는 황토 땅 천지신명
녹두꽃 피어나는 정읍 고부 고을
짚신 신고 상투 틀어올리고 의기 찬
콧수염에 꽉 담은 한일자
보석처럼 반짝이는 옆 눈으로
매섭게 쏘아보는 정의의 불꽃
그 촉기 반짝이는 둥근 눈 속에
인권 유린에 대한 분노가 가득차듯
메마른 땅일수록 강한 녹두 뿌리
외로운 녹두꽃 노랗게 익어갈 때
녹두새 홀로 지쳐 노래했노라
"사람 우에 사람 없다, 사람을 사람답게"
동학 녹두꽃 향기
차별 없는 애인휼민愛人恤民

심지 하나

허리 펴고 목을 세워 활기차게 걸어봐
나의 눈앞에 펼쳐지는 찬란한 파노라마
아름다운 생활 풍경이 마음 사로잡는다

황홀한 햇살이 휘영청 가슴을 쓸어내린
부질없는 근심 걱정 약이 되는 기분 전환
한 치 앞 모르고 사는 게 우리 인생이라

매일 아침 반갑게 만났던 그리운 친구들
자고 나면 커피 마음 뜨겁게 데워 챙기던
조석으로 만나 반가운 악수 보이지 않아

소식은 점점 멀어지고 허무와 걸어간다
태양은 삶을 용서하고, 사랑한다 억겁
인생은 짧고 예술은 길다 했던가

예술은 맑은 가난 세월의 동량으로 산다
한 서린 모서리 둥글게 그리며 살아왔다
심지 불붙여 어둠 길 밝히는 길라잡이로…

나무이고 싶다

정적이 흐르는 숲속에
성가시게 흔들어대는 무표정한 바람
그대만이라도 눕지 않고
풋풋한 것이 얼마나 다행인가
항시 그 곁에 위안의 자리 넓혀가는 편편한 품안
무슨 말이 필요한가 생명의 은혜 그 감사

무한 벌판에 던져진 먼발치 희뿌연 눈
시립도록 다져진 넉넉한 성숙 그대 앞에
투정도 부끄러워 아무 곳이면 어떠할까
저 푸른 발자국 순수 따라가야 할 자애로운 터득
천 갈래 만 갈래 푸른 사유 그대 생각처럼
내 가슴 나무이고 싶다

애인휼민愛人恤民

태평성사 길이 보전하고자 함이니라
가짜 동전 앞뒤 같은 세상살이 어이하리니

한 갈음 물 따라 거닐고자 함은
오로지 맺힌 시름 달래고자 함인지라

꽃다운 청춘들 이승을 불사른 형법 250조
산산이 부서지는 존엄 애달파하노라니

하늘같이 인자하고, 땅같이 바름하나니
자애慈愛 보존 태평성대하리니

우리 말 사랑
- 두 형제

한 나라의 어휘는
그 나라의 하나 되는 뿌리와 밑거름
극문학 창작의 산실이 되어준 말본
31만 단어의 어휘
"새 우리말 事典" 편찬을 위해,
당신의 뼈를 깎는 헌신의 과업에
고개 숙여 감사드립니다
겨레만이 느낄 수 있는 정서적 희담戱談

항일 독립운동 영어의 몸으로
우리말 事典 꿈을 잃지 않고,
밤낮 없는 황량한 가시밭길 헤치며
달 밝은 밤에 외기러기 시름으로
두 청춘 애염으로 일궈낸 쾌거
당신 필단의 숨결이 반짝입니다
애국지성 없이 짐작이나 할 수 있을까요
언어의 시금석 망망대해 등대 불

無

그리운 나
잃어버린 나
내가 나를 찾는다

나사 빠진 시계
지침의 착각처럼

빠진 부품
주먹에 쥐고
건망을 핑계한다

오늘도
잃어버린 나를
찾아 헤맨다

보이스피싱

당신은 눈물도 인정도 사랑도 보이지 않는가
핸드폰 공간에 거미줄 망 얽어놓고
걸리기만 노리고 있는 사악한 행위 말고는 없는가
아침에 일어나 핸드폰을 열어보니 문자가 떠있더라
문자를 행원에게 보였더니 "보이스피싱"이라 한다

「11월 21일

고객님

승인번호 : 64**

764,600원 결재 완료

[GILT]고객센터 문의

031-222-9853」

결재 완료라는 문자에 가슴이 덜컹 내려앉았다
사기 덫에 내가 당할 뻔했다 핸드폰을 원망했다
믿음이 깨져 한시도 편한 날 없는 이 사회
힘들이지 않고 남의 목숨 앗아가는 파렴치가 판치는
살벌한 사회, 제발 평화가 오기를

미래는 저축

매미는 시원한 나뭇가지 그늘에서
사랑 노래를 종일 부르고 있는데

겨우살이 저축을 위해 뜨거운 여름철 쉬지 않고
저보다 큰 먹이를 이끌고 험한 바윗길을 넘고 넘어
저장 굴을 찾아드는 개미허리를 보면,

멀고 먼 공중 길 꽃 찾아 꽃가루 양발에 달고 날아들어
일정한 저장소에 꿀을 저장하여
인류의 약제로 사용하게 되는
고맙고 부지런한 일벌을 보면,

내일을 보장받는 저축과 일개미 일벌의 부를 누리는
대가와 자수성가 기틀을 보여주는 듯하다
노력의 대가는 헛되지 않는다는 곤충의 삶을 통해…

바다

그대는
공평하고 관대한 하늘빛 사랑의 천심이다
높낮음이 허용되지 않는 수평을 수용하는 넓은 아량
뭍의 탐욕 등기도 없다
높은 담 빌딩 건널목 빨간 선
파랑 선도 없다 싸움도 없다
평형의 평화만 허용되다
인류의 필수 단백질 생산 요충의 지구 바다 수족관
그대는 전설적 명성 높은 소설의 이야기
그대는 한없이 넓고 깊은 애정의 어머니
세상 궂은 것 다 받아들여 걸러내는 정화의 샘
시원의 생명 바다

시의 상록수

푸른 잎 활자로 찍어 시를 그리는 나무
가지는 시의 행렬을 늘려 잔가지 갱도 막장에서
금빛 같은 언어를 캐내어 한자 한자 나열된
은율의 리듬
하늘로 연을 띄우는 울림의 이미지로 오른다

보아라 저 공중에 휘날리고 있는 한 그루 문예
천년을 함축한 통일된 숲의 향연
시의 뿌리 우에 흐트러짐 없는 가지와 줄기
바람과 빛을 결합한 율격과 리듬을 갖춘 문학의 장르

쌀 한 알 위해

개고리가 동면에서 기지개를 켜고
송곳처럼 흙을 뚫는 봄의 기억들
함박눈 제살 찢어 봄 튀기는 매화꽃 목련화
양지바른 장독 열어젖혀 햇살이 장맛 보네
정월 만배 병아리 떼 종종걸음 시샘하듯
겨우내 고프던 보리싹 파릇파릇 종달새
바빠지는 논갈이 밭갈이 쟁기 날 세우는
삼짇날 제비 박씨 물고 온다던
먼동 트는 새벽을 깨우는 수탉 알람 소리
모두 다 깨어 논밭으로 가네
먹기 위해 살기 위해 뼈빠지는 일손
농사는 천하지 대본
북치고 장구치고 풍년 노래 보릿고개
우리네 살림살이 이만하면 어떤가

3부

꿈의 완성

까마귀.

꿈의 완성

매일같이 오르고 또 올라도 더 새로워지는 것은
웬일일까 발이 붙어터지도록 일평생을 올라도
어려운 산행 한 발작 길들이면 산 그림자 따라다닌다
몸이 아파 병원에 누워있어도 그리운 산 뿐,
밖에 나가 길 가다가도 바라다보는 푸른 연산연봉뿐
산을 오르다 보면 고달프고 힘들어해도
오르고 또 오른다
내가 산 오를 때마다 철들어 익어가는 품위
일상에서 이렇게 산 오르듯 일을 했다면
부러울 정도로 성공했을 것이라고
즐거운 자의체득自意體得한다
아무리 험하고 산이 높다 하더라도 올라보면 보인다
제아무리 고통도 이겨낼 수 있는 강인한 담금질 뫼
바라보고만 있지 말고 올라봐라 초록 숲이 잡아준다
저 꿈의 완성

걸으면서

어려운 살림으로 높고 험한 고개 헤치고 여기까지
짧은 기간 선진의 수준 높은 행복을 누릴 수 있는
근면과 기예로 잿더미에서 기적을 세운
민족의 우수성 동방의 떠오르는 등촉이다
어제 튼튼했기에 오늘이 있다
나는 걸으면서 높은 마천루를
고개 아프게 쳐들어봐도
다 볼 수 없는 성장, 일상이 첨단화된 편리의 기계들
이루 헤아릴 수 없는 놀라운 이 업적들 따로가 아니다
집안 평화만 선진화된다면 이웃 부러울 게 없는 우리
서로가 박수치며 칭찬하고 안아주며 아들딸
잘 길러 발판 넓혀 하나의 꽃길로

임인년 가을은

아아 가을인가 아낙네 물동에 버들잎 띄워가고
기러기 울어 예는 먼 하늘길 너도야 나도 가고
허나, 임인년 가을의 발자국을 밟기가 왜 그런지
송구하다

가는 세월 따라 청춘은 속절없이 강처럼 유수하고
육신이 시들어가는 인생의 썰물, 마지막 이별의
한 그루 단풍나무 선홍 핏빛으로 타오른 환장지경
가을은 잔인한 계절

밤하늘 별빛 숲 반짝반짝 빛나니 친구가 되어 좋고
어두운 밤 달은 해가 위로가 되니 다헹하나니
서럽고 불행할 것 없다 너도 나도 꽃길
가을은 가는 것 봄은 윤회와 같이 다시 환생하는

익을수록

거만을 부리던 여름 들판은
익으면 익을수록 깍듯이 허리 굽혀
토실토실한 인사를 잘한다

젖먹이 씨로 붙어 물 논에 제금나
천하 없는 내 사랑 비바람 몰아쳐도
키워주시고 지켜봐 주신 음덕으로

발갛게 벗은 황톳빛 풀은 꿈 포기 늘려
빈자리 채워주는 벼 포기 늘린 곡간
씨로 남을 여기까지 익으면 알까

당신에게

낡은 승화도 행복이 싹트는 걸
나의 낡은 구두창 볼수록 향수에 젖어든다
당신 검게 탄 주름살 하얀 미소가 사랑스럽다
그 고왔던 얼굴 푸석해지니 내 마음 서러워지네
그동안 여기까지 살아온 군살 박혀 붉어진 손등
바라볼수록 미안한 눈시울이 울컥거리네
쳐다보기도 불러보기도 아까운 당신 그 얼굴
당신 낡은 옷 낡은 신발일랑 아낄 것 없어
웃음 잃은 당신 훨훨 털고 웃음 짓고 살자고
당신은 내 마음의 향수 평화 베틀이라
꽃을 사랑하는 고운 마음 당신 사랑의 일기장
누렇게 낡았지만, 그려신 사랑의 모습 영원하리
차돌처럼 박인 그 마음

착란 양귀비 꽃

길가에 나뒹굴고 있는 빈 소주 병
쓰레기 무덤가에 누워 꽃구름 속 황홀경에 빠져
혼자 웃고 혼자 좋아 환각에 젖은 꿈나라
땅은 발을 디딜 수 없이 흔들리는 정신 착란
소주 병 몸은 세상 가눌 수 없이 뒤틀려 있는 듯
갈지자 세상 막무가내莫無可奈 몽환의 병
이리저리 난관에 부딪치는 가정이 울고 사회가 불안
무서운 마취제 중독증 기호적 오남용의 인생 파탄
구원할 수 없는 나락의 지옥, 깨고 나면 후회할 것을
후회할 수 있는 분은 그나마 치유할 수 있는지라
무의식의 최면 자신의 주의력을 기르자
내 몸 내 사랑을 위하여

인연의 행간

해와 달

하늘과 땅

바늘과 실

사랑스럽게

금슬 좋게

한몸답게

당신과 나

파뿌리로

일심동체

뉘우침

뉘우치며 살아가는 자에게 복이 있으리라 했거늘
어제께 당신에게 던진 한말…
잘못했으니 용서 바랍니다
당신 가슴에 얼마나 상처를 받았을까
생각하며 반성 일기를
가슴에 담았습니다
지금도 그 습관을 못 고치니 말입니다
가슴을 깨물며 내가 나를 질타하고 있습니다
우리나라 거장 안병욱 철학박사 선생님께서
하신 말씀이 생각납니다
습관을 고치는 사람은 "인격이 형성된다는"
말로만 고친다고 평생을 성찰처럼 뇌까리던 말
그러지 않겠다던, 아직도 덜 익어간 땡감이지요
평생 그런 땡감 나무가 이 세상에 어디 있어
저세상이나 가봐
고진감래 흥진비래라, 나의 빛바랜 일기장
오늘도 벌어졌던 다면각 모서리 맞추어 삽시다

미쁜 택배

내가 보는 여기까지
펼쳐진 억겁 태고의 파노라마
이 현실을 본다는 자체만으로도
우리는 얼마나 영광인가
허영에 들뜬 부귀영화도 모두
헛된 망상
바람이 싫고 산 너머로 데려간다
고마운 바람아
좋은 바람 길목에 서서
웅장한 풍력을 바라보니 미쁘다
자연이 생산하는 에너지
고랭지 채소 먹거리
오염 없는 자연의 혜택
나라의 힘 바람꽃 보았노라
태고의 에너지
바람의 길목에 서서

익명의 선행

슬픔을 같이 나눈다는 선행
어느 분으로부터 익명의 선물을 받았습니다
자연의 봄이 선물하는 꽃처럼
익명의 선물을 받은 나는 몸이 작아 보입니다
만감이 교차합니다
그분 보기에 부끄럽습니다
나는 익명으로 슬픔을 나눠 본 적이 없습니다
잊혀져간 것들 깨우쳐가는 덕망
한 인간에게 깊은 진실인 것은
만인에게도 익명의 진실입니다
아름다운 꽃은 슬픔을 나누는 선행입니다
익명은 빛깔 내기 생색이 아니라
슬픔을 같이 나누는 참 꽃이랍니다
내가 나를 물어봅니다
얼굴을 밝히지 않은 선행은 구원의 천사라고요
죽는 날까지 천사 얼굴 그리며

마지막 보루

티끌 모아 산이 된다는
물방울이 고여 강을 이룬다는 절약 속담
땀 모아 기부하는 아름다운 마음은
어데서 우러나올까
늙은 몸 거동하기조차 어려운 지팡이 삶
파지 모아 기부문화 지팡이를 짚었지
늙을수록 선행을 넓혀 가는 아름다움
사람이 돈에 선행이 되자
짧은 생 주어 모아 파지로 연명하는
버린 것 줍는 것조차 영역별 임자가 따로 있어
그것조차 세월이 갈수록 좁아지는
늘그막 삶 틈새 이리 밀리고 저리 밀리는
눈치꾸러기 지공 거사 은어까지
그래도 다 같은 우리 인생 탈바꿈 이생은 없다
놀면 무엇 하나 파지라도 주워야지 맞다
보람찬 노후 파지가 값진 황혼이다

警句

역사가 묵묵히 체크해 왔던
모순의 탈을 벗지 못하고,
관행처럼 흘러왔던 정치 오류를 재건 해달라는
뭇 누리들의 시대적 요구 사항일 것이다
때 묻은 옷을 벗어던지지 못하고
그 옷 다시 입는 미봉책
참는 것도 분수라 신경 예리한 분들의 안목이
팔을 걷어 올린 警句인지라
지조 있는 신선한 고발은 시대적 양심의 외침인지라
정의를 구현하는 민의의 비망록 반목질시로 얼룩져
편할 날이 없는 위정자여
政治를 精治의 사랑으로 아름다운
무궁화 꽃 새긴 밥그릇으로 바꾼다면 어떨까
유감이지만

흙

흙에서 살다 흙으로 돌아가는
흙에서 살리라
흙이 주는 우람한 천년의 보호막
한 줌 흙만 있으면 고층 아파트 나무숲을 볼 때
생각할수록 밟고 다니는 것조차 죄스러운 흙
생명을 수발드는 어머니 약손
버리는 것 다 모아 제안으로 묻어 재생하는
스스로 정화의 생명 자애지정慈愛之情
당신의 희생 한 줌으로 살아가는 것조차 죄스러운
되바라지지 않는 사랑과 포용
빛은 땅에 무지개교량을 세워주듯이
나도 흙에 오색 명지 하나 세우리라

혼의 흔적을

사람이 살아서
힘이 닿는 데까지
헛되지 않기를
이 세에서 저 세로
갈무리할 때쯤
나의 그리움 하나
남겨 주고 간다는
값진 인생
아름다웠다는
말보다는 한 송이
유월의 장미처럼
그 후예(後裔) 송이

밥그릇 1

사람마다 그릇이 있다 능력이나 도량을 갖춘 그릇
다급한 일이 생겼을 때 해결할 만한 그릇이 되겠는가

내가 먹은 그릇은 내가 깨끗이 설거지해야 한다는
내 안에 그릇은, 청결하게 비어있어야 한다는

오늘 아침에 밥그릇 설거지하면서 문득 생각이 난다
나는 삼시 세끼 빈 밥그릇을 닦아야 한다는 사랑

늙어서는 밥그릇도 줄여 살고, 소小식을 해야 한다는
끊임없는 그릇 싸움 주먹도 펴고 가는 일생 춘몽인 걸

詩의 耕作

새드는 달빛 한줄기도 헛되지 않도록
반짝이는 샛별 광음도 놓치지 않도록
반딧불 주경야독 귀뚜리 경청하리라
시간은 화살 같아서

시의 길은 안갯속처럼 아늑하고 멀다
숨어있는 볼견 어조사자 금을 캐내듯
사명감인지라 실천을 늦추면 늦어지는
헌 기둥 헐고 새 기둥 건축양식으로…

미세먼지

뿌연 미세먼지 이대로는 안 된다
공기 오염은 하늘에 회색 물감을 풀어놓은 듯
길이 안 보이고 길을 잃었다
중금속 오염으로 생물들을 소멸시키고 있다
해라 마라 할 수는 없지만, 타고난 생명의 권리이거늘
차세대 우리 아이들까지 계주로 넘겨서는 안 된다
일산화탄소 중금속 오염의 주범은 자동차 굴뚝이다
모두가 일념으로 하루속히 오염 방지 선처가 시급
앞으로 예단할 수 없는 인재지변 지구의 교란을?
더 편리가 오늘을 더 잊게 했다 엄청난 재앙으로
각종 전염병과 기후변화의 죽음은 인간이 주범이다
사는 것도 나 위해 죽는 것도 나 위해

하루 일과

극심한 한파로 노인들 주의를 무릅쓰고 오늘도
내일을 걸을 수 있다는 희망이 있어 좋다
걸으면서 생각한다, 내 강산이 90번이나
변할 때까지 1초도 고장 없이 돌아가는 심장 하나
어머니가 주신 생명체 신비다
나는 살아있는 역사라고 혼자 속말로 뇌까린다
그런데 나의 지나온 삶은 어떤가
어머니가 주신 사랑처럼 세상은 녹록하지 않았다
여한은 없지만 죽음의 행사에 변명할 건더기라도
세상에 내놓을 준비의 욕심이 생긴 것인가
그때까지 기다려 줄지는 맹신할 수 없지만
노망 없이 건강해야 그루터기라도 남길 수 있다는
심상으로 오늘도 아침 5시 기상 아침체조와
재활운동을 100번 20분 동안 한다
허리 수술 4번 탈장 수술 3번 장애의 통증 고통은
일상의 괴로움이었다 좌절하지 않겠다는
신념으로 이를 악물고 재활운동에 생명을 걸었다
그것이 오늘날 어머님께 보답한 것 같았다
드디어 이겨냈다 아름다운 꽃길을 만들었고
행복한 세상 내가 만들어 걷고 있다

건강의 비결 인내와 포기하지 않은 재활 운동이다
오늘을 얻은 나는 매일 8K쯤 2시간을 걷는다
걸으면서 사색으로 무한한 영감을 얻어내 기록하는
기적 같은 삶을 이어가는 오늘 내가 남겨야 할…

예술이란…

당신(예술)은, 무지개 초원의 아리랑 꽃향기
당신의 영혼은 끊임없이 유수하는 광음가석

1995. 9월경 예술도시 영국을 거쳐 불란서 랜드마크
에펠탑 예술성 알프스를 지나 피렌체 섬유
루브르 박물관 소장된 신비의 미소 ≪모나리자≫
≪암굴의 성모≫≪망기아리의 회전≫≪성모자≫
≪성 안나≫등 레오나르도 다빈치 천재적 예술을
비롯한 르네상스의 명작 ≪밀로의 비너스≫
상고대 미술품을 감상하며, 그 나라 예술적 감각
우월성을 가늠할 수 있던 예술 초월성에 탐미,
신의 경지에 도달한 문명사의 예술의 극치를 감탄했다
그 시대를 초월한 작금을 되짚어
예술은 녹슬지 않는 조개껍질의 진주 같은 것,
세계가 인정하는 한국 예술 우수성은 미래가 밝다
예술인의 창작 환경과 충전이 있기 때문이다
오천 년 역사 광음가석 탄탄대로 달리고 있는
예술 활동은 국력의 귀중한 고풍스런 사관史官
명예의 전당 아름다운 아리랑 민요가 울려라…
창작을 위해 명상을 더듬는 사색은 天與의 가치

적도 넘어 호주

땅 가지고 나툴 일 없는 광활한 대륙의 섬
지구촌 행운의 땅, 적도 넘어 호주(오스트레일리아)
달력을 뜯어 넘겨야 할 벽을 넘나드는 사계절
노을이 지지 않은 서정의 도시 바다 일출 하버 브릿지
오렌지 디자인 미완성의 교향곡 웅장한 오페라하우스
바다 위에 떠있는 요트의 나라 적도 넘어 시드니 항구
빌딩숲 유람선 뜨는 적도 넘어 시드니 항구
지구 원시 블루 마운틴 자리 잡은 와일드 라이프
캥거루 축구하고 코알라가 잠자는 자연과 공존하는
평화와 행복을 누리는 나라
넉넉한 천혜의 자원 넉넉한 마음, 푸른 별 하늘 아래
청정의 여백 사회복지 천국을 보았노라

뉴질랜드

문명의 바퀴가 감아대도 바람과 연기가 보이지 않은
지구의 오지 쥐라기 시대 공룡발자국
해일이 일면 바다가 삼킬 것 같은 외로운
남 섬 북 섬 저 한가롭게 풀 뜯는
하얀 양떼구름송이 흐르듯이
평원의 태평성대
문명의 밀물에 떠밀린 검은 얼굴 검은 머리
'키위' 원주민 빨간 머리띠 동여매고
주먹 쥐고 발로 땅을 구르며
가식 없는 나체로 한풀이 춤을 춘다
지금도 만년설 하얀 얼굴 에메랄드빛 향수로 흐르고
지상엔 흰 구름 땅으로 내려앉아 입맞춤하네
태초의 숨결 묻어나는 은빛 자락 '아우라키' 산
만년설 물감 풀어 담아놓은
오염 없는 순수 '데카프' 호수
아름다운 '퀸스타운' 호수 문명이 보는 쥐라기 시대
문명에 길들여지지 않은 순한 새들이 날아와 발을 쫀다
손발 닿지 않은 원생림 생태계 태고의 숨결 묻어나는
지구가 숨겨놓은 오지 평화의 섬

4부

산은 담금질

산은 담금질

당신은 체계화된 생명공학처럼
어느 깊은 계곡 오르다 보면 바위틈에
땀 흘린 산객 갈증을 위한 듯
그쯤에 맞추어 생수를 배려하는 수행으로
당신은 말씀 없으신 인생 수업의 스승
내려설 때를 생각해서 항상
오를 때는 잘 살펴 올라가라는 가르침
험한 길도 붙들어주지 않는 무언의 응시
연약하지 않고, 의지하지 말라고, 아무 데나
소나무와 같이 푸르게 홀로 설 줄 아는 충고
올라 서서 밑을 내려다보며 행복이란
건강도 튼튼 마음도 탄탄
산이 좋아 산을 찾는 날개 펴는 산객
당신 곁은 인생수업의 활성 에너지(energy)
당신은 만물상 새내기 대장간

부메랑(boomerang)

주고받는 향수어린 우리의 정 개나리꽃
당신 담벼락에서 보름달처럼 만나요

귀한 님 그리워 다시 돌아선 사랑의 편지
마중 나온 길목 우체통에서 만나요

던지면 다시 돌아온 부메랑처럼 그리움
못 잊어 품에 안기는 진달래꽃 당신 사랑

은공

사람은 은공을 갚지 못하고 죽는다는 말이
하나도 틀린 말이 아니거늘,

소꿉놀이하고 놀던 어린 나이 이웃 남식이 정애
그때 여자 나이 일곱 살 동갑내기와 같이
썰매놀이한다고, 섬진강 상류 깊은 보가
꽁꽁 얼어붙은 강을 갔었다
썰매놀이하다가 얼음이 꺼져 얼음 속으로 들어가
발버둥 치다가 손 내밀어 구사일생 세상을
건져 올린 귀중한 생명의 은공 울며불며 피투성이
위험을 무릅쓴 어린 것들의 사랑의 손이 아니었다면
나는 이 세상 사람이 아니었다
생명을 건져 올린 참꽃 같은 사랑, 지금 같으면
생명의 메아리 하늘 높이 울려 퍼져 가듯
지금쯤 소꿉놀이 생명의 은인들 싹이 익어가는지
은공을 갚지 못한 죄의식은 불타오른다
나의 곁이 얼마나 소중한 인연인가를
숫자는 답이 정확한데 은공은 답이 미진한가
결단코 답으로 가리라

한파 주의보 1

흐리고 구질구질한 날씨는 왜 지루하게 느끼고,
쾌청하고 맑은 날은 왜 금방 달아날까
겨울 해는 여우꼬리, 봄날 해는 노루꼬리 같다

한파 주의보의 날
양지바른 길은 엄청 멀어 보이는데도 사람들은
그 길을 걸어간다 나도야 간다

한파로 위축된 어설픈 길가에 목련꽃 봉오리
방긋방긋 인사하며 봄을 드리우리라 그리하여
우리 할머니 가재 도랑 옆에 초가집 조는 방에

솔가지 불태우는 굴뚝 연기 허리춤 추며 한가로운
그을음 구들장 따뜻한 아랫목이 그리워지니라
한가로이 구름 머무는 외딴 집

기억의 흔적

이 추운 겨울 날씨에 귀한 한지를 뜨느라
닥나무 혼이 깃든 한 장 한 장 떠 쌓여가네
인사동 서예실에서 하얀 눈이 쌓이듯,
먹물이 핏물처럼 영혼을 불태웠던 그 시절

하늘의 스승이 나에게 주시는 열정의 필경
저 귀한 하얀 한지와 붓과 진한 먹물 같다
말라붙은 붓 적셔보라는 권고인 것 같기도
예서隸書의 꿈이 내려 쌓여간다

배움이란?

형설의 꿈을 안고 먼 타국으로 유학 온 학생이
사랑의 덕으로 하늘이 안겨준 존속의 생명인데,
이 한파 핏덩이 간난 이를 내다 버리다니
천륜이 부끄럽지 않은가

천적의 무한지대에서 새끼를 품고 사투를 부리는
새들의 모성애를 볼 때 만물의 영장이란 사람이
무엇을 더 배운다는 것일까
우리의 삶은 궁극적으로 존속 뿌리의 혈통 계보다

집 대문에 금줄이란 솔, 숯, 고추 새끼줄을 쳤다
한 생명이 탄생하는 날은 부정을 꺼려
아무나 드나들지 못하도록 한 탄생을
엄중하게 여겨왔던 풍습이 있었다

그 눈물 오죽했을까
용서하리라 꿈나무 엄마

처형 妻兄

당신이 머물다 간 자리
낙엽이 쌓여 앙상한 나뭇가지만 서있는데
단풍나무 선홍색 핏빛으로 타 들어가고
영마루 고개 석양빛 하염없이 눈물지네

야속했던 인덕도 없었던 당신 세상살이
좋은 것도 나쁜 것도 소리 없이 살아냈건만
웃음도 울음도 잃어버린 세월
찬밥도 눈칫밥도 감사하게 살아온 당신

나는 없어도 남을 위해 주머니 털어 주는 정
내 삶의 괴로움에 티를 내지 않는 타고난 천사
고통에 길 들여져 운명을 행복으로 알고 살아온
당신, 그래도 삶이 좋아 더 살고 싶어했건만

심장

내 몸 생사를 가름하는 중요한 심장 하나
한 세기를 쉼 없이 피를 돌리는 박동 소리

그 박동 소리 멈추는 날은 나도 멈추는 날이다
누구도 모방할 수 없는 신령스런 어머니의 모태

피를 걸러 일초도 차질 없는 끈끈한 생명의 순환
자급자족 자동화된 태고 자연이 준 신비의 유산

내 몸의 에너지기관 밤낮으로 흐르는 강물 소리
내 속에 움트는 생명의 봄 쉼표 없는 박동 소리

일초도 쉼 없이 생명의 끈을 놓지 않은 한 백 년
태아에서 죽음까지 생의 신비 박동 소리 기계

흔적

누구라 유년 춘추의 아픈 흔적들
빈속에 새김질 찬술을 따르는가
그리운 별빛 하늘에 매니, 내 설움
뉘엿뉘엿 해지는 서산마루 타는 노을
붉게 취하니 해떨어질라

새해

임인 한 해를 뒤돌아보는 귀중한 시간이다
나의 뒤통수에 대고 손가락질 받지 않는다면
나는 그것만으로도 행복한 한 해의 시간이라
문틈 사이로 빠져나가는 겨울 한파
날카로운 소리 모골이 송연하다
화평의 길이라면
먹구름 우울 노여움과 슬픔을 달랠 수 있는 진실
바람이라면, 꽃과 노래 사랑의 모티프가 아닌가
우리 일상은 잘 한다 해도 미안함을 잊을 때가
많이 있기 마련 사람이기 때문
몇 날이면 임인해 보내고 계묘해 맞이하는
아쉬움 섭섭함이 교차하는 이별과 만남의 날을 맞아
나는 꾸밈없는 하늘의 뜻에 만족하리라

운명아 비껴라

너는 요양 병원에 누워있는데
애비는 그 앞을 지나친다
코로나 핑계로 면회도 어렵다
어제도 오늘도 살아있다는 안위로 그냥 지나친다
그래도 너 있는 병원 길을 가고 싶어 걷는다
가끔 꿈속에서는 '아버지 안녕하세요?'
평소처럼 왔다 간다
꿈을 깬다 건강하고 씩씩한 얼굴 그리운 품안 아들놈
나는 다리 성성할 때 건강 챙긴다고 걷는데
불쌍한 아들놈 옆에 두고 챙길 수 없다니
죄의식에 잠긴다
아들놈 세상천지 모르는 링거 생명체, 기약 없는 삶
하늘이여 땅이여 신령이여 가냘픈 생의 끈 견인하여
일상으로 돌아오게 해 주시기를 해맞이 기도하리라
무정한 세월은 또 한 해가 가네,
봄이 찾아들어 진달래 개나리 데리고 오듯 나의 아들놈
운명아 비껴라 몸에도 꽃물이 들겠지
나는 하루라도 그 길을 걷지 않고는 견딜 수가 없다
함묵의 길을 맴돌고 있다

기도와 평화로

예술은 문화사적 친선의 들날림
국제 평화의 설린 디딤돌
가없다 끝없는 예술, 가꾸고 꽃피우리
둥근 지구 둥근 보름달 평화처럼
기도와 평화로 가득한

친환경

미안합니다, 보충 말씀드립니다
다 아시다시피 계절을 분간할 수 없어서요
여름은 여름답지 못하고요
겨울은 겨울답지 못해서요
기후 변화 탓인지 오락가락
내가 건망인지 자연이 건망인지
씁쓸하고 우울합니다
온난화 이야기를 하면은 살기도 힘든데 미안하지요
하지만 간과해서는 안 될 생명이기 때문이지요
이대로 몇 년만 지나면 제주의 겨울은 없어진다는 둥
얕은 섬은 바다에 파묻힌다는 재항을 겪는다는 둥
천년의 사막이 폭설이 내리고, 겨울에도 홍수가 나는
우리 목숨을 앗아가는 이 무서운 악순환
인류 종말론까지 들썩이고 있는 과실은 인간인 것을
앞으로 우리 세상은 석유에서 해방되어야 합니다
수소와 전기 활용에 연구 노력이 시급하지요
탄소 제공 굴뚝 없는 전기 수소 자동차로 교체
꺼진 불도 다시 보자 탄소가스 주범이다
지구의 효자 수소 전기

인격

백성이 백성을 배반하는 것은
누워서 침 뱉기다
사람은 인격을 잃었을 때가 가장 불행이다
인면수심 이율배반 동전 같은 것

새해 2

새해란 마음먹기 나름이지요
미숙한 몸 얼어붙다 녹아내리다
황태처럼 맛의 육질로 변신되어
대중 앞에 맛깔지게 다가가는 문예 요람
탈바꿈 이미지 새로운 장
담백하고 신선한 성숙한 모습으로
염증을 느끼지 않는 노래 부르고 싶어
떠오르는 새 창공이 희망찬데
떠 내리는 새 마중도 없는 쓸쓸함
날이 바뀌어도 그 노래 그 가사
변신할게요 맛있게 익어가는 문예의 꽃
맛 기부하는 가곡 헌신으로

칭찬 풍년

힘겨운 시대일수록 사랑과 칭찬이 힘을 주는
삶의 근육질이 되어 어려움을 뚫고 나간다
용기를 잃지 마라 사나이답게
질풍도 경초를 알아보듯 새들의 세찬 날개
꽃나무 꽃봉 방긋 열어 보이는 푸른 소생 보이듯
추워야 꽃을 피우는 봄이 오듯 말이다
우리 좋은 세월 나쁜 세월 추웠다 더웠다 담금질
변화무쌍 희로애락 이것이 아름다운 풍광인지라
사랑과 칭찬 용기를 주는 희망과 기쁨인지라
칭찬은 아무리 많아도 넘치지 않는다

지성의 그릇 2

고요가 깃든 한 그루 여백의 나목
깃을 힘껏 펴라 형설의 창천으로…

지성의 씨를 가꾸는 터전이 되기도
구슬 같은 언어를 담는 그릇이 되기도
저 찬란한 빛 장미꽃 바다가 되기도

형설의 붓끝은 정正을 다듬는 칼날
주경야독 긴 밤을 지새우는 독서삼매
지성이면 감천이라 학해學海의 본분

사람꽃 큰 그릇

뼈와 살이 되는

무딘 줄만 알았던 단단한 철강도
한파에 노출되면 오므라져 동파 소리 나고
불볕더위 철길을 보면 철선도 늘어나
벌어졌던 틈새를 좁혀주는 것을 보노라니
오므라졌다 늘어났다 감지하는 것을 보면
무디다고 함부로 다루지 말지어라
당신들 뼈대로 세워진 자랑 사랑하리라
기둥과 주추 시멘트 뼈가 되어 하나의 생명인 듯
아름다운 창조의 한 세기 역사를 앞서가는
일류 행복을 제공하는 헌신과 희생의 덕
거대한 빌딩 숲 아름다운 창작의 주인공들
철과 모래가 버무려진 마천루 아름다운 예술
인류 숙원의 기틀

바람과 시간

바람과 시간을 본 사람은 없다
삶을 이어가는데 없어서는 안 될 존재
한 부분은 지키고 가야 할 미래
한 부분은 꽃을 피워야 할 존재 같은
오늘도 내일도 새날이 밝아오기를
제자리 채워야 할 긍정과 부정
나 잘나 나에 취해 산다지만
먼 하늘길 외기러기 외로운 천리
허세에 자중자애 신중하리
넘어지지 않고 잘 붙들어야 할 길
거북이와 토끼의 경주
무엇을 일컫는지 가늠하느니라
바람과 시간

긍정

사색이 나의 발품을 늘려 걷는다
예술의 장르 아름다운 도심 속 저잣거리
명사의 명언들이 꾸며놓은 꽃
글에 취해 하루가 즐겁다

인생은 무대의 장르 오늘도 막을 올린다
도심 속 보행 길이 떠받치는 아름다운 예술
환영의 대열로 관객을 기다리는 즐거운 거리
삶이 숨 쉬는 통로…

이 탐미적 예술의 걸작 삶의 화려한 창작
서울의 음미 예술의 거리 찬란한 국제도시
걸어봐야 알고 걸어봐야 본다
거대한 빌딩 숲 떠받치고 있는 삶의 미래

개미처럼 부지런하게 게 움직이는 생활상
빛이 뜨는 동방의 촉 유전
후세에 남길 빛나는 유산 하나
인정미 아름다운 사랑을 꽃피우는 문예한국

두 얼굴

꽃이 아니면서
꽃처럼 행세하는 두 얼굴
벌 나비 찾아들지 않는
탈 놀음 가면극처럼
꾸며 만든 조화이거늘

굳이 참꽃이 되려 거든
벌 나비 찾아가는
살아있는 생화처럼
향기가 깃들어 있어야
하느니라

시인의 사명

양심은 엄숙한 취미라는 어느 선생님의 말씀
시인이 되기 전에 사람부터 되라는 믿음의 말씀
부끄럼 없이 귀담아들어야 할 正導가 아닌가
수많은 역경 속에서도 죽음을 무릅쓰고 다짐한
뜻에 살고 뜻에 죽는 거룩한 선열의 노래 울림이라
멀고 고단하지만 어차피 들어선 길 가야 한다
나는 바를 정正자 때문에 고민하며 잠을 설친다
미세먼지에 독감까지 기승을 부려 얄망궂다
목이 마를 땐 숙성된 동치미 국물 같은 詩가 그립다
동트는 태양처럼 사랑과 참회가 밝아온다
시 쓰기 전에 인성을 갖춰야 한다는 게 더 어렵다
타고난 유전적 인간의 괴리 관성 습관 때문이다
누구나 막론하고 갖춰야 할 삶의 철학 같은 것
나는 땡감이다 다 익어 홍시가 되는 완성의 그날
붓이 흔들릴 때까지 놓지 않겠다는 각고장려다
끝없는 모호한 수식어 먼지투성이, 맑은 영혼을 건
시인은 서로가 맞물려 한 몸이 돼 사랑의 길을 낸
블록처럼 살고 싶다

새싹

1판 1쇄 : 2023년 3월 1일
지은이 : 이완수
펴낸이 : 김정현
펴낸곳 : 도서출판 gaon
주   소 : 유네스코문학창의도시 부천시 길주로 460, 1106호
　　　　(춘의동, 센트럴뷰)
전   화 : 032-342-7164
팩   스 : 032-344-7164
E-mail : kjsh2007@hanmail.net

ⓒ 이완수 Printed in Korea

출판등록 : 2011. 7. 14
ISBN : 979-11-90673-66-2 (03810)
값 : 10,000원

무단 전재와 복제를 금합니다.
도서출판 가온은 농인聾人과 함께합니다.
잘못된 책은 본사나 서점에서 교환해드립니다.